BEI GRIN MACHT SICH
WISSEN BEZAHLT

- Wir veröffentlichen Ihre Hausarbeit,
  Bachelor- und Masterarbeit

- Ihr eigenes eBook und Buch -
  weltweit in allen wichtigen Shops

- Verdienen Sie an jedem Verkauf

Jetzt bei www.GRIN.com hochladen
und kostenlos publizieren

Bibliografische Information der Deutschen Nationalbibliothek:

Die Deutsche Bibliothek verzeichnet diese Publikation in der Deutschen National-
bibliografie; detaillierte bibliografische Daten sind im Internet über http://dnb.d-
nb.de/ abrufbar.

Dieses Werk sowie alle darin enthaltenen einzelnen Beiträge und Abbildungen
sind urheberrechtlich geschützt. Jede Verwertung, die nicht ausdrücklich vom
Urheberrechtsschutz zugelassen ist, bedarf der vorherigen Zustimmung des Verla-
ges. Das gilt insbesondere für Vervielfältigungen, Bearbeitungen, Übersetzungen,
Mikroverfilmungen, Auswertungen durch Datenbanken und für die Einspeicherung
und Verarbeitung in elektronische Systeme. Alle Rechte, auch die des auszugsweisen
Nachdrucks, der fotomechanischen Wiedergabe (einschließlich Mikrokopie) sowie
der Auswertung durch Datenbanken oder ähnliche Einrichtungen, vorbehalten.

Impressum:

Copyright © 2003 GRIN Verlag
Druck und Bindung: Books on Demand GmbH, Norderstedt Germany
ISBN: 9783656363439

Wolfgang Schlageter

Einführung in das Operations Research

GRIN Verlag

GRIN - Your knowledge has value

Der GRIN Verlag publiziert seit 1998 wissenschaftliche Arbeiten von Studenten, Hochschullehrern und anderen Akademikern als eBook und gedrucktes Buch. Die Verlagswebsite www.grin.com ist die ideale Plattform zur Veröffentlichung von Hausarbeiten, Abschlussarbeiten, wissenschaftlichen Aufsätzen, Dissertationen und Fachbüchern.

Besuchen Sie uns im Internet:

http://www.grin.com/

http://www.facebook.com/grincom

http://www.twitter.com/grin_com

W. Schlageter

Einführung
in das

Operations
Research

Mosbach 2003

Inhaltsverzeichnis

Vorwort

Während die vordergründigen Handwerkszeuge des Informatikers Software, Hardware einem kaum greifbaren Wandel unterliegen – was heute gelernt wird, ist morgen schon wieder veraltet – stehen die zugrunde liegenden Strukturen als unverrückbare Invarianten fest.

Ihr Verständnis stellt somit eine notwendige Bedingung sowohl für tiefer gehende Einsichten, als auch für einen verstandsgemäßen Gebrauch der Anwendungen dar.

In der Informatik sind diese Strukturen insbesondere die Logik und daran anknüpfend der Algorithmus. Beide haben eine mehr als zweitausendjährige Geschichte (vgl. den berühmten Euklid'schen Divisionsalgorithmus!).

Während diese Begriffe allgemein im Rahmen der Theoretischen Informatik abgehandelt werden, sollen hier nun darauf aufbauend, exemplarisch konkrete Algorithmen und insbesondere die fundamentalen Entwurfstechniken dargestellt werden. Diese wurden im Wesentlichen in den sechziger Jahren des vorigen Jahrhunderts entwickelt und gelten bis heute unverändert.

Entsprechend dem Studiengang Wirtschaftsinformatik, für den diese Vorlesung konzipiert ist, werden beispielhaft einige ökonomische Anwendungen aufgezeigt.

Die Monographie stellt die Grundlage einer dreißigstündigen Vorlesung an der Berufsakademie Mosbach dar. Sie schließt an die Vorlesung über theoretische Informatik an und setzt deren Inhalte im Wesentlichen voraus (vgl. z.B.: Schlageter-Rauhut: „Einführung in die Theoretische Informatik").

Entsprechend dem Charakter einer Einführung beschränkt sie sich auf das Grundsätzliche. Wer sich intensiver mit dem Thema auseinander setzen möchte, sei auf die fundamentale Literatur verwiesen (z.B.: Dantzig, G.B.: „Lineare Programmierung und Erweiterungen" Berlin-Heidelberg-New York; Horowitz,E., Sahni, S.: „Algorithmen. Entwurf und Analyse" Berlin-Heidelberg-New York).

Für Auswahl und Richtigkeit des Inhalts zeichnet Herr Dr. Schlageter verantwortlich. Die Ausarbeitung und das Layout übernahmen Frau D. Raab und Herr O. Bertsch.

Mosbach im April 2003

0 Einführung

„Operations"

Operationalisierung, ursprünglich in den 30er Jahren des letzten Jahrhunderts von dem Wissenschaftstheoretiker Bridgeman eingeführter Begriff, der besagt, dass ein theoretischer Begriff durch Angabe eines Messverfahrens zu definieren ist. Im weiteren Sinne besagt der Begriff, dass ein Zielverfahren operationalisiert ist, wenn die zugrundeliegende Problemstellung eindeutig unter Angabe ihrer jeweiligen Nebenbedingung bestimmt ist.

„Research"

Untersuchung, Nachforschung

Aus der operationalisierten Struktur ergibt sich dann, dass der Lösungsweg in einzelne Schritte zerlegt werden kann, mit anderen Worten algorithmisch durchgeführt werden kann.

Ziel der Vorlesung ist es, einerseits mit den typischen Algorithmen und den entsprechenden Entwurfstechniken vertraut zu machen, andererseits sollen exemplarisch einige ökonomische Anwendungen aufgezeigt werden.

1 Lineare Optimierung

1.1 Beispiel

In einer Maschinenfabrik werden zwei Zubehörteile A und B auf den Automaten I,II und III gemäß dem nachfolgenden Produktionsplan angefertigt:

Automat	Benötigte Zeit in Teil A	Min/Stück Teil B	Tägliche Gesamtzeit in Min (verfügbar)
I	4	5	400
II	6	3	420
III	0	6	360

Der Gewinn je Stück beträgt für Teil A zwei Geldeinheiten (GE) und für Teil B 1,5 GE.
Aufgabe: Man bestimme das Gewinnmaximale Produktionsprogramm.

Überführung des Problems in ein mathematisches Modell:

Es gelte:

x_1 := Anzahl der zu produzierenden Teile A

x_2 := Anzahl der zu produzierenden Teile B

Dann:

Zielfunktion :

$$(Z) \quad z = 2\,x_1 + 1{,}5\,x_2 \; \rightarrow \; Max(!)$$

Restriktionen:

$$R(1) \quad 4\,x_1 + 5\,x_2 \leq 400$$
$$R(2) \quad 6\,x_1 + 3\,x_2 \leq 420$$
$$R(3) \quad 6\,x_2 \leq 360$$
$$R(4) \quad x_1,\, x_2 \geq 0 \qquad \text{(„Nichtnegativitätsbedingung")}$$

Bemerkung:

Offenbar liegen lineare Größen vor (d.h. die Variablen liegen nur in der ersten Potenz vor). Die Zielfunktion gibt das operationalisierte Endverhalten an, wobei die Restriktionen die jeweiligen eindeutig definierten Nebenbedingungen darstellen.

1.2 Graphische Lösung:

Wir beziehen uns auf das Beispiel in 1.1.

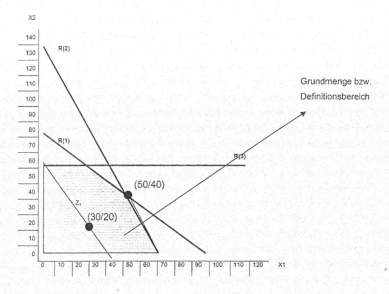

Umformen der Zielfunktion (Z) in die Hauptform der Geradengleichung:

$$(Z) \Leftrightarrow x_2 = -\frac{4}{3} x_1 + \frac{z}{1,5}$$

Für konkrete Werte von z erhält man dann beispielsweise folgende Geraden, die jeweils denselben Gewinn liefern (Isogewinnlinien):

$$z_1 = 90 ; \qquad x_2 = -\frac{4}{3} x_1 + 60 ; \qquad \text{z.B. für (30/20)}$$

$$z_2 = 120 ; \qquad x_2 = -\frac{4}{3} x_1 + 90 ; \qquad \text{z.B. für (30/40)}$$

Allgemein erkennt man, dass der Gewinn so lange gesteigert werden kann, solange die Iso-Gewinnlinie der Zielfunktionsgeraden parallel verschoben werden kann und dabei noch Punkte des Definitionsbereichs erfasst.

Hieraus ergibt sich insbesondere:

„Der Lösungspunkt befindet sich stets in einem Eckpunkt"

Bemerkung:
In dem Fall, in dem die Zielfunktionsgerade parallel zu einer Begrenzungsgeraden verläuft, erhalten wir darüber hinaus eine Strecke als Lösungspunkte.

Für unsere Aufgabe ergibt sich speziell als **Lösung**:
· Es werden 50 Teile A und 40 Teile B produziert, der Gesamtgewinn beträgt hierbei 160 Geldeinheiten.

Anmerkung:
Bei Untersuchung von n Gütern benötigen wir n-Dimensionen!

1.3 Der Simplex-Algorithmus

Bemerkungen:

1. Unter einem Simplex versteht man einen n-dimensionalen Raum, der von (n -1)-dimensionalen Räumen begrenzt ist (z.B. Würfel, Dreieck...).

2. Der Simplex-Algorithmus ist ein systematisches Verfahren zum Absuchen der jeweiligen Eckpunkte eines Simplex, wobei dieses abgebrochen wird, wenn keine Leistungsverbesserung mehr möglich ist.

Wir formen das Problem aus 1.1. äquivalent in nachstehende Grundform um.

(Beachte: $a \leq b \iff (s + a = b \land s \geq 0))$

$$z - 2x_1 - 1{,}5x_2 = 0$$
$$s_1 + 4 x_1 + 5 x_2 = 400$$
$$s_2 + 6 x_1 + 3 x_2 = 420$$
$$s_3 \qquad + 6 x_2 = 360$$

$$x_1, x_2, s_1, s_2, s_3 \geq 0$$

Definition:

Die s_i heißen   Schlupfvariable. Diejenigen Variablen, mit Ausnahme von z, die in der Zielfunktion vorkommen, heißen   „Nicht-Basis-Variable". Alle übrigen Variablen heißen „Basis-Variablen".

Dann gehen wir nach dem folgenden Schema vor (vgl. bei den einzelnen Schritten jeweils das nachfolgende Beispiel):

Schritt 1:

Setze die „Nicht-Basis-Variablen" gleich Null.
» Offenbar nehmen nach diesem Schritt die Basis-Variablen den jeweiligen Wert der rechten Seite an. «

Frage:

Enthält die Zielfunktion (noch) negative Koeffizienten bei den „Nicht-Basis-Variablen"?

Ja! -> Schritt 2   Nein! Gib die Werte der Basis-Variablen als Lösung aus. STOPP!

„Offenbar besteht der Sinn dieser Abfrage darin, dass wenn den entsprechenden „Nicht-Basis-Variablen" ein Wert zugewiesen wird, dann die Zielfunktion wachsen muss".

Wir müssen also erreichen, dass diese „Nicht-Basis-Variable" zur Basis-Variable wird.

Schritt 2:

Bestimme diejenige „Nicht-Basis-Variable" mit dem absolut größten negativen Zielfunktionskoeffizienten („Pivot-Spalte"). -> Schritt 3

„Hierdurch soll erreicht werden, dass der Gewinn seinen größtmöglichen Zuwachs erfährt."

Schritt 3:

Bestimme diejenige Gleichung, in der die neu festzusetzende Basis-Variable ihre größte Einschränkung erfährt (Engpass: „Pivot-Zeile"). -> Schritt 4

„Hierdurch wird gesichert, dass der zulässige Lösungsbereich nicht verlassen wird."

Schritt 4:

Ersetze in dem Schema die Basis-Variable der Pivot-Zeile durch die bisherige „Nicht-Basis-Variable" der Pivot-Spalte und ebenso die bisherige „Nicht-Basis-Variable" durch die Basis-Variable der Pivot-Zeile („Austausch-Schritt")
-> Schritt 1

Weiter im Beispiel aus 1.1 (vgl. S. 9):

Die Abfrage nach Schritt 1 wird offenbar mit „ja" beantwortet.

Wir bestimmen dann die Pivotspalte (Schritt 2).

Die Pivotzeile (Schritt 3) erhalten wir, indem wir die rechte Seite (RS) durch die Koeffizienten der Pivotspalte (neue Basisvariable!) dividieren (warum?).

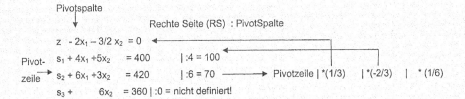

Pivotspalte

Rechte Seite (RS) : PivotSpalte

$z - 2x_1 - 3/2\,x_2 = 0$

Pivotzeile $s_1 + 4x_1 + 5x_2 = 400$ $| :4 = 100$

$s_2 + 6x_1 + 3x_2 = 420$ $| :6 = 70$ → Pivotzeile $| *(1/3)$ $| *(-2/3)$ $| *(1/6)$

$s_3 + \quad 6x_2 = 360\ | :0 =$ nicht definiert!

Nun führen wir mit Hilfe der Umformungsschritte des Gauß'schen Algorithmus den Austauschschritt (Schritt 4) durch. Dabei wird x_1 durch s_2 ersetzt und umgekehrt. Es ergibt sich das folgende Gleichungssystem:

$z + 1/3\,s_2 - 1/2x_2 = 140$

$s_1 - 2/3s_2 - 3x_2 = 120$ $| : 3 = 40$ $| *(1/6)$ $| *(1/3)$ $| *(-1/6)$ $| *(-2)$

$x_1 + 1/6\,s_2 + 1/2x_2 = 70$ $| : \tfrac{1}{2} = 140$

$s_3 + \quad 6x_2 = 360$ $| : 6 = 60$

Es folgt erneut Schritt 1

Bemerkung:

Nach diesem Schritt produzieren wir 70 Teile A und 0 Teile B. Der Gewinn beträgt hierbei 140 GE, die Schlupfvariablen geben ökonomisch die Restkapazität der jeweiligen Automaten an (also: Automat 1 hat eine Restkapazität von 40, Automat 2 läuft voll und bei Automat 3 beträgt die Restkapazität 120). Entsprechend unserer graphischen Lösung haben wir somit ausgehend vom Ursprung (0/0) den Eckpunkt (70/0) erreicht. Man beachte wie durch das Austauschen der Nichtbasisvariablen mit negativem Koeffizient in der Tat der Gewinn gesteigert wurde.

Fortsetzung des Verfahrens liefert:

$$Z + 2/9\ s_2 + 1/6\ s_1 = 160$$
$$x_2 - 2/9\ s_2 + 1/3\ s_1 = 40$$
$$x_1 + 5/18\ s_2 - 1/6\ s_1 = 50$$
$$s_3 + 4/3\ s_2 - 2\ s_1 = 120$$

Antwort bzw. Ergebnis:

$$x_1 = 50,\ x_2 = 40,\ \text{Gewinn} = 160\ \text{GE}, s_3 = 120$$

Bemerkung:

Wird beispielsweise eine Schlupfvariable „0" gesetzt, so gilt das Gleichheitszeichen der Restriktion, d.h. wir befinden uns auf einer Begrenzungsgeraden. Bei zwei derartigen Variablen also auf zwei Geraden, d.h. im Schnittpunkt.

1.4 Das Simplex-Tableau

Unser Beispiel: $z = 2 x_1 + 1,5 x_2 \rightarrow$ Max(!)

Unter:

$$R(1) \quad 4 x_1 + 5 x_2 \leq 400$$
$$R(2) \quad 6 x_1 + 3 x_2 \leq 420$$
$$R(3) \quad + 6 x_2 \leq 360$$
$$R(4) \quad x_1 , x_2 \geq 0$$

Dann führen wir für oben aufgeführte Rechnung, die wir hier noch einmal wiederholen, folgende Schreibweise ein „*Simplex-Tableau*"

Basisvariablen	Nichtbasis variablen		RS	q
	x_1	x_2		
z	-2	-1/2	0	
s_1	4	5	400	100
s_2	6	3	420	70
s_3	0	6	360	-

Pivotelement : Kreuzung von Pivot-Zeile und Pivotspalte

Basisvariablen	Nichtbasis variablen		RS	q
	s_2	x_2		
z	1/3	-1/2	140	
s_1	-2/3	3	120	40
x_1	1/6	1/2	70	140
s_3	0	6	360	60

Basisvariablen	Nichtbasis variablen		RS	q
	s_2	s_1		
z	2/9	1/6	160	
x_2	-2/9	1/3	40	
x_1	5/18	-1/6	50	
s_3	4/3	-2	120	

Antwort bzw. Ergebnis:

$x_1 = 50$, $x_2 = 40$, Gewinn = 160 GE , $s_3 = 120$

1.5 Der allgemeine Simplex – Algorithmus für den Grundtyp

Allgemein:

Gegeben: $z + \sum_{j=1}^{n} a_{0j} x_j = a_{00} \; -> \; Max(!)$

Unter den Bedingungen:

$s_i + \sum_{j=1}^{n} a_{ij} x_j = a_{i0} \quad ; \; i=1,\ldots,m$

$s_i, x_j \geq 0$

Darstellung im Simplex Tableau

Basisvariablen	Nichtbasis variablen			RS	q
	x_1	x_2 ... x_n			
z	a_{01}	a_{02}	a_{0n}	a_{00}	
s_1	a_{11}	a_{12}	a_{1n}	a_{10}	
s_2	a_{21}	a_{22}	a_{2n}	a_{20}	
...					
s_m	a_{m1}	a_{m2}	a_{mn}	a_{m0}	

Dann:

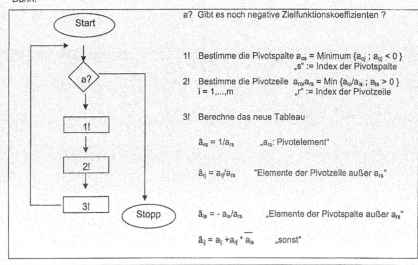

a? Gibt es noch negative Zielfunktionskoeffizienten ?

1! Bestimme die Pivotspalte a_{0s} = Minimum $\{a_{0j} \; ; \; a_{0j} < 0 \}$
„s" := Index der Pivotspalte

2! Bestimme die Pivotzeile a_{r0}/a_{rs} = Min $\{a_{i0}/a_{is} \; ; \; a_{is} > 0 \}$
i = 1,...,m   „r" := Index der Pivotzeile

3! Berechne das neue Tableau

$\bar{a}_{rs} = 1/a_{rs}$ „a_{rs}: Pivotelement"

$\bar{a}_{rj} = a_{rj}/a_{rs}$ "Elemente der Pivotzeile außer a_{rs}"

$\bar{a}_{is} = - a_{is}/a_{rs}$ „Elemente der Pivotspalte außer a_{rs}"

$\bar{a}_{ij} = a_{ij} + a_{rj} \cdot \bar{a}_{is}$ „sonst"

Start

a?

1!

2!

3!

Stopp

Bemerkung:

Durch das obige Schema ist der Simplex-Algorithmus für den Grundtypus definiert. Der Grundtypus besagt, dass wir Maximierungsprobleme unter "<=" Restriktionen behandeln. Der allgemeine Fall der z.B. Minimierungsprobleme „>=" oder Gleichheitsrestriktionen zur Aufgabe hat, kann jedoch leicht auf diesen zurückgeführt werden.

Beispielsweise führen wir eine Minimierungsaufgabe auf eine Maximierungsaufgabe zurück, indem wir die Zielfunktion mit „-1" durchmultiplizieren.

Definition:

Jeder Schritt zu einem neuen Tableau (d.h. jeder Schleifendurchlauf) heißt Simplex-Iteration!

Hinreichende Bedingung:

... dass der Algorithmus nach endlich vielen Schritten terminiert ist, dass $q_{min} > 0$ bei der Bestimmung der Pivotzeile eindeutig bestimmt ist.

Denn:

In diesem Fall wird bei jedem Schritt eine Leistungsverbesserung erzielt. Dabei geht der Algorithmus zu einer benachbarten Ecke der zuletzt geprüften Ecke im Simplex über. Würde der Algorithmus nicht terminieren, so müsste er schließlich eine Ecke zweimal durchlaufen. Dies müsste der Fall sein, da jeder Simplex nur endlich viele Ecken hat.

Wir würden also für einen Eckpunkt 2 verschiedene Zielfunktionswerte erhalten, dies widerspricht der Definition der Funktion.

Sonderfälle:

Solche ergeben sich:

a) Es existiert kein q > 0. Dann ist die Aufgabe nicht lösbar. Dies bedeutet, dass die Restriktionen widersprüchlich formuliert sind.

b) q_{min} ist nicht eindeutig bestimmt. Man wählt dann q zufällig aus. Geometrisch bedeutet dies im zweidimensionalen Fall, dass sich mehr als zwei Restriktionsgeraden in einem Eckpunkt schneiden.

   Bemerkung:

   In diesem Fall kann es dann vorkommen, dass der Algorithmus ins „kreiseln" gerät.

c) Ein Zielfunktionskoeffizient = 0. In diesem Fall ist die Lösung nicht eindeutig bestimmt. Geometrisch bedeutet dies im zweidimensionalen Fall, dass die Zielfunktionsgerade parallel zu einer Restriktionsgeraden verläuft.

1.6 Beispiel bei mehrstufiger Kuppelproduktion[1]

Ein Betrieb der Kuppelproduktion verarbeitet die Rohstoffe 1 und 2, die in den Mengen von maximal 50 000 bzw. 80 000 Mengeneinheiten (ME) beschafft werden können und 700,- bzw. 1000,- Geldeinheiten (GE) je ME kosten.

Bei der Verarbeitung zerfällt das erste Produkt zu genau 60% in das Zwischenprodukt 3 und zu 40% in das Zwischenprodukt 5. Aus dem zweiten Produkt entstehen bei der Verarbeitung zu 30% das Zwischenprodukt 4 und zu 70% das Zwischenprodukt 6. Die Produkte 3 und 4 müssen veredelt werden, wodurch Kosten von 200,- bzw. 100,- GE je ME entstehen.

Nach der Veredelung werden sie zum Fertigprodukt 7 gemischt. Dieses kann in unbegrenzter Menge zum Preis von 900,- GE je ME abgesetzt werden. In dem Produkt 7 darf ein bestimmter Bestandteil (Verunreinigung), der in dem Zwischenprodukt 3 mit 7% und in 4 mit 4% enthalten ist, maximal mit 6% auftreten.

Schließlich werden die Produkte 5 und 6 nach bestimmten Rezepturen zu den Fertigprodukten 8 und 9 verarbeitet, die in den Höchstmengen von 60 000 bzw. 40 000 ME für 1200,- bzw. 1000,- GE je ME abgesetzt werden können.

Das Produkt 8 besteht zu 20% aus 5 und zu 80% aus 6. Dagegen setzt sich das Produkt 9 zu 40% aus 5 und zu 60% aus 6 zusammen.

Gesucht ist das gewinnmaximale Produktionsprogramm.

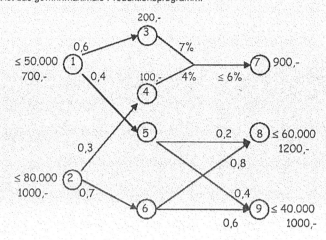

[1]Entnommen aus: Müller-Merbach, E.: Operations Research. München 1973. S. 168ff.

Formulierung der Problemstellung in der linearen Planungsrechnung:

x_i := zu produzierende Mengen des Produktes i, i = 1,...,9

Dann:

$$G = -700x_1 - 1000x_2 - 200x_3 - 100x_4 + 900x_7 + 1200x_8 + 1000x_9 \Rightarrow \text{Max}(!)$$

Unter:

R(1) $\quad x_3 = 0{,}6x_1$

R(2) $\quad x_4 = 0{,}3x_2$

R(3) $\quad x_5 = 0{,}4x_1$

R(4) $\quad x_6 = 0{,}7x_2$

R(5) $\quad x_3 + x_4 = x_7$

R(6) $\quad 0{,}07x_3 + 0{,}04x_4 \leq 0{,}06x_7$

R(7) $\quad 0{,}2x_8 + 0{,}4x_9 = x_5$

R(8) $\quad 0{,}8x_8 + 0{,}6x_9 = x_6$

R(9) $\quad x_1 \leq 50.000$

R(10) $\quad x_2 \leq 80.000$

R(11) $\quad x_8 \leq 60.000$

R(12) $\quad x_9 \leq 40.000$

Mit Hilfe der linearen Planungsberechnung erhält man dann folgendes Ergebnis:

$$G_{max} = 12\ 400\ 000\ \text{GE}$$

$x_1 = 43\ 333$, $x_2 = 80\ 000$, $x_3 = 26000$, $x_4 = 24\ 000$, $x_5 = 17\ 333$, $x_6 = 56\ 000$, $x_7 = 50\ 000$, $x_8 = 60\ 000$ und $x_9 = 13\ 333$

1.7 Aufgaben

Aufgabe 1

Zur Ausnutzung von Restkapazitäten produziert eine Maschinenfabrik zwei Zubehörteile A und B auf drei Automaten I, II und III. In folgender Tabelle ist angegeben, wie viele Minuten jeder Automat zur Herstellung von 100 Teilen benötigt. Außerdem sind die täglichen Restkapazitäten jedes Automaten ersichtlich.

	Benötigte Zeit in Min./100 Stück		Tägliche Restkapazität in Min.
	Teil A	Teil B	
Automat I	2	3	24
Automat II	6	4	48
Automat III	5	0	30

Der Gewinn je 100 Stück beträgt bei Teil A 90,00 €, bei Teil B 60,00 €.
Lösen Sie diese Aufgabe mit Hilfe des Simplex Verfahrens!

Gibt es weitere optimale Lösungen?

Aufgabe 2

Ein landwirtschaftlicher Betrieb will höchstens 105 ha seiner Felder mit
Klee oder mit Mais bebauen. Die Kosten je ha (Saatgut, Dünger usw.)
belaufen sich bei Klee auf 300€, bei Mais auf 450 €. Zur Bewirtschaftung der Felder stehen 225 Tage lang 3 Arbeitskräfte bei einer täglichen Arbeitszeit von maximal 8 Stunden zur Verfügung. Der Arbeitsaufwand je ha beträgt bei Klee 40 Stunden, bei Mais 60 Stunden. Da im letzten Jahr auf diesen Feldern ausschließlich Mais angebaut wurde, können aus Gründen des Ausgleichs im Nährstoffhaushalt des Bodens höchstens 80 ha mit Mais bewirtschaftet werden.

Bei 1 ha Klee rechnet der Betrieb mit einem Erlös von 600 €,
bei 1 ha Mais von 850 €.

In welchem Verhältnis sollten die Felder bebaut werden, damit der
Gewinn möglichst groß wird? (Lösung mit Hilfe des Simplexverfahrens)

Aufgabe 3

Ein Spielwarenhersteller stellt 3 Typen von Autorennbahnen A, B und C her.

Die Grundausrüstung stellt Werk I, die Herstellung der Autos besorgt Werk II. Die Anzahl der Arbeitsminuten pro Tag, die für jeden Rennbahntyp erforderlich sind, sowie die höchst mögliche Minutenzahl, bezogen auf einen Tag, kann der unten stehenden Tabelle entnommen werden. Es ist weiterhin zu beachten, daß von allen 3 Rennbahntypen zusammen höchstens 300 Stück produziert werden können.

	Arbeitszeit für die Modelle in Minuten			Max. Gesamtzeit für die 3 Modelle (in Min)
	A	B	C	
Werk I	20	30	10	5 600
Werk II	40	30	20	8 800
Gewinn.je Modell	40	50	20	

Wie viele Exemplare sind von den einzelnen Modellen zu produzieren, damit der Gewinn maximal wird. Wie hoch ist der maximale Gewinn?

Aufgabe 4

a) Berechnen Sie für das nachstehende Simplex-Tableau die nächste Iteration:

	x_2	x_1	s_A	x_4	RS	q
z	4	0	-12	-8	70	
s_c	3	-2	6	4 (*)	24	
x_3	-1	4	-12	8	32	
s_B	5	-6	4	4	36	

b) Wäre auch das mit (*) bezeichnete Element in der s_c -Zeile in a) als Pivot-Element logisch möglich gewesen?

c) Woran erkennt man, dass das in a) zugrunde liegende Problem nicht lösbar ist?

d)

Aufgabe 5

a) Berechnen Sie für das nachstehende Simplex-Tableau die nächste Iteration:

	x_3	s_B	x_4	x_1	RS	q
z	-6	5	0	-2	90	
s_c	3	8	-2	9	120	
s_A	-3	5	4	0	30	
x_2	2	1	0	3	70	

b) Annahme: q_{min} ist bei einer Iteration nicht eindeutig bestimmt.

    a. Wie kann dieser Fall im Zweidimensionalen geometrisch gedeutet werden?

    b. Welche Problematik könnte hierbei entstehen?

Lösung Aufgabe 2

Wir definieren die Variablen:

x_1:= Anzubauende Fläche Klee in ha

x_2:= Anzubauende Fläche Mais in ha

Dann:

(Z) $z = (600 x_1 + 850 x_2) - (300 x_1 + 450 x_2) = 300 x_1 + 400 x_2 \rightarrow Max(!)$

Unter:

R(1) $40 x_1 + 60 x_2 \leq 225 * 3 * 8$

R(2) $x_1 + x_2 \leq 105$

R(3) $x_2 \leq 80$

R(4) $x_1, x_2 \geq 0$

Graphische Lösung

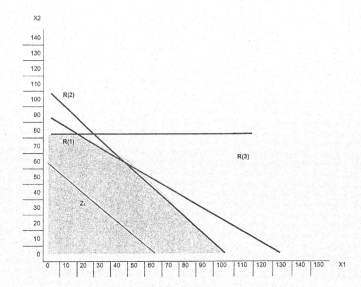

Umformen der Zielfunktion:

Es gilt:

$$(Z) \Leftrightarrow x_2 = -\frac{3}{4} x_1 + \frac{z}{400}$$

Also:

$$z - 300 x_1 - 400 x_2 = 0$$

$$s_1 + 40 x_1 + 60 x_2 = 5400$$

$$s_2 + x_1 + x_2 = 105$$

$$s_3 + x_2 = 80$$

Dann:

Simplex-Tableau

Basisvariablen	Nichtbasis variablen		RS	q
	x_1	x_2		
z	-300	-400	0	
s_1	40	60	5400	90
s_2	1	1	105	105
s_3	0	1	80	80

Basisvariablen	Nichtbasis variablen		RS	q
	x_1	s_3		
z	-300	400	32000	0
s_1	40	-60	600	15
s_2	1	-1	25	25
x_2	0	1	80	-

Basisvariablen	Nichtbasis variablen		RS	q
	s_1	s_3		
z	7,5	-50	36500	730
x_1	1/40	-1,5	15	-10
s_2	-1/40	½	10	20
x_2	0	1	80	80

Basisvariablen	Nichtbasis variablen		RS	q
	s_1	s_2		
z	5	100	37500	
x_1	-1/20	3	45	
s_3	-1/20	2	20	
x_2	1/20	-2	60	

Ergebnis:

$z = 37500$, $x_1 = 45$, $x_2 = 60$

Also werden die Felder im Verhältnis 3:4 angebaut

Lösung Aufgabe 3

Variablen:

$x_1 :=$ Anzahl der herzustellenden Modelle Typ A

$x_2 :=$ Anzahl der herzustellenden Modelle Typ B

$x_3 :=$ Anzahl der herzustellenden Modelle Typ C

Zielfunktion:

(Z) $z = 40x_1 + 50 x_2 + 20x_3 \rightarrow$ Max(!)

R(1) $20 x_1 + 30 x_2 + 10x_3 \leq 5600$

R(2) $40x_1 + 30 x_2 + 20x_3 \leq 8800$

R(3) $x_1 + x_2 + x_3 \leq 300$

R(4) $x_1 , x_2 , x_3 \geq 0$

Dann:

Simplex-Tableau

Basisvariablen	Nicht	Basis Vari ablen		RS	q
	x_1	x_2	x_3		
z	-40	-50	-20	0	
s_1	20	30	10	5600	186,67
s_2	40	30	20	8800	293,34
s_3	1	1	1	300	300

Basisvariablen	Nicht	Basis Vari ablen		RS	q
	x_1	s_1	x_3		
z	-6 2/3	5/3	-3 1/3	9333,3	0
x_2	2/3	1/30	1/3	186 2/3	280
s_2	20	-1	10	3200	160
s_3	1/3	-1/30	2/3	113 1/3	340

Basisvariablen	Nicht	Basis Vari	ablen	RS	q
	s_2	s_1	x_3		
z	1/3	4/3	0	10400	
x_2	-1/30	2/30	0	80	
x_1	1/20	-1/20	½	160	
s_3	-1/60	-1/60	½	60	

Bemerkung:

Verwenden wir das Pivot-Element $a_{21} = 20$ des zweiten Tableaus, so erhalten wir mit Hilfe der Umrechnungsformel des allgemeinen Algorithmus (vgl. S 14) für das dritte Tableau beispielsweise folgende Werte:

$$\bar{a}_{rs} = 1/a_{rs} \quad \text{also} \quad a_{21} = 20 \; ; \; \bar{a}_{21} = 1/20$$

$$\bar{a}_{rj} = a_{rj}/a_{rs} \quad \text{also} \quad \bar{a}_{2j} = a_{2j}/20 \; ; \; j \neq 1 \quad \text{"Neue Pivotzeile"}$$

$$\bar{a}_{is} = -a_{is}/a_{rs} \quad \text{also} \quad \bar{a}_{i1} = -a_{i1}/20; \; i \neq 2 \quad \text{"Neue Pivotspalte"}$$

$$\bar{a}_{ij} = a_{ij} + a_{rj} * \bar{a}_{is} \quad \text{also} \quad \bar{a}_{32} = a_{32} + a_{22} * \bar{a}_{31}$$
$$= -(1/30) + (-1) * (-1/60) = -1/60$$

Ergebnis:

$$x_1 = 160$$
$$x_2 = 80$$
$$x_3 = 0$$
$$z_{Max} = 10400$$

Bemerkung:

Die Lösung ist offenbar nicht
eindeutig bestimmt !

2 Heuristisches Verfahren am Beispiel des Travelling Salesman Problems

2.1 Das Travelling Salesman Problem

Beim Travelling Salesman Problem sind n Orte gegeben. Jeder Ort ist mit jedem direkt verbunden. Gesucht ist die kürzeste Rundreise, die durch jeden Ort genau einmal zum Ausgangsort zurückführt.

Weitere Interpretationsmöglichkeiten

„Orte"	„Verbindungen"	„Entfernungen"	Problemstellung
Profilsorten einer Walzstraße	Umrüstungen von einer Profilsorte zur Nächsten	Rüstzeiten	Walzfolge mit kürzester Rüstzeit
Lackfarben	Farbwechsel in den Spritzkabinen	Reinigungszeiten	Farbfolge mit der minimalsten Reinigungszeit
Häfen, Städte, Stadtteile	Routen	Entfernungen	kürzester oder schnellster Rundweg

Darstellungen

1. gerichteter bewerteter Graph

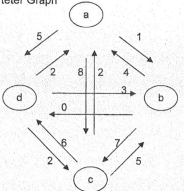

Die Zahlen geben die jeweiligen "Entfernungen" an !

2. Entfernungsmatrix

nach von	a	b	c	d
a	∞	1	2	2
b	4	∞	7	0
c	8	5	∞	2
d	5	3	6	∞

Lösung mit Hilfe eines Kombinatorikbaumes

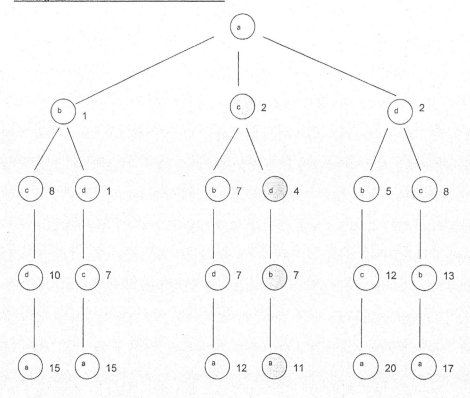

Die Zahlen geben jeweils die aufsummierten Weglängen an.

Ergebnis:

$a - c - d - b - a$

mit der Länge 11

Definitionen:

d_{ij} „direkte Entfernung von Ort i nach Ort j"

Bsp.: $d_{ca} = 8$

$W_{s,t,m}$ Verbindung von Ort s nach Ort t, wobei einschließlich s,t genau (m+1)-Orte

durchlaufen werden

„m-gliedriger Weg von s nach t"

Bsp.: $W_{b,a,2} = b - d - a$

$d(W_{s,t,m})$ Länge des Weges $W_{s,t,m}$

Bsp.: $d(W_{b,a,2}) = 5$

Z_m „m-gliedriger Zyklus"

Analog zu mit $W_{s,t,m}$ mit s=t

Bsp.: $Z_3 = b - d - c - b$

Ist n die Anzahl der Orte, so heißt Z_n Hamiltonsyklus.

$d(Z_m)$ Analog zu $d(W_{s,t,m})$

Bemerkung:

Offenbar besteht das Travelling Salesman Problem darin, einen kürzesten Hamiltonzyklus zu finden.

Anzahl der möglichen Lösungen:

Anhand des Kombinationsbaums erkennt man, dass es bei n-Orten insgesamt (n -1)! verschiedene Möglichkeiten gibt. Diese Zahl ist jedoch bereits für kleine n nicht mehr effektiv berechenbar. Es stellt sich somit die Frage, inwiefern bereits auf einer früheren Stufe ungeeignete Lösungskandidaten ausgeschieden werden können.

Formulierung des Problems in der ganzzahligen Programmierung
Wir nummerieren die Orte von 1 bis n durch.

Dann:

Minimiere

$$d(Z_n) = \sum_{i=1}^{n} \sum_{j=1}^{n} d_{ij}\, x_{ij} \quad \text{(„Zielfunktion")}$$

Unter

$$x_{ij} = \begin{cases} 0 & \text{(„Die Verbindung i-j wird nicht gewählt")} \\ 1 & \text{(„Die Verbindung i-j wird gewählt")} \end{cases}$$

$$\sum_{j=1}^{n} x_{ij} = 1 \qquad i = 1, ..., n$$

"Jedem Ort i ist genau ein Nachfolgeort zugeordnet"

$$\sum_{i=1}^{n} x_{ij} = 1 \qquad j = 1, ..., n$$

„Jeder Ort j ist genau einmal Nachfolgeort"

$x_{ii} = 0$ Für alle i,

$x_{ij} + x_{ji} \leq 1$ Für alle i,j

$x_{ij} + x_{jk} + x_{ki} \leq 2$ Für alle i,j,k

...

„Vermeidung von Kurzzyklen"

Ist n die Anzahl der Ort, m die Länge des Kurzzyklus, so gibt es $\binom{n}{m}(m-1)!$ Kurzzyklen (für n=6, m=4 also 90).

Bemerkung:

Neben der Vielzahl von Nebenbedingungen ist insbesondere die Ganzzahligkeits-Bedingung das entscheidende Hindernis für eine effiziente Berechnung durch diesen Algorithmus.

Das Travelling Salesman Problem ist die „Königsdisziplin" des Operations Research. Nahezu sämtliche bedeutende Algorithmentechniken wurden im Zusammenhang mit effizienten Lösungsversuchen dieses Problems entwickelt. So unter anderem auch die ganzzahlige Programmierung von Fulkerson und Johnson, 1954. Alle diese Versuche bei dem Travelling Salesman Problem mussten scheitern. 1972 hat nämlich Karp gezeigt, dass das Travelling Salesman Problem zur Klasse der NP-schweren Problemen gehört. Trotzdem bilden diese Algorithmentechniken jedoch die effiziente Lösungsgrundlage zahlreicher anderer Probleme.

2.2   Heuristische Verfahren

Diese Algorithmen liefern im Allgemeinen nicht die exakte Lösung sondern lediglich eine „gute" Näherungslösung. Die Bedeutung dieser Verfahren liegt einerseits darin, dass sie für „schwierige" Probleme in effizienter Zeit eine Näherungslösung liefern und andererseits, dass sie im Zusammenhang von exakten Algorithmen zur Bestimmung der Optimallösung eingesetzt werden können.

2.2.1   Das Verfahren des „besten Nachfolgers"

Sei $n = 6$

von	nach a	b	c	d	e	f
a	∞	2	1	3	9	3
b	7	∞	2	8	7	9
c	6	5	∞	4	2	3
d	8	2	5	∞	4	1
e	7	7	3	2	∞	5
f	8	3	5	1	6	∞

Wähle beliebigen Anfangsort

  Solange es noch unbesuchte Orte gibt, gehe zum nächst gelegenen unbesuchten Ort

    Gehe zum Ausgangsort zurück

Gib den Hamiltonzyklus mit seiner Länge als Lösung aus

Also:

Z_6: a – c – e – d – f – b – a

$d\,(Z_6) = 16$

Bemerkung:

Das Verfahren des besten Nachfolgers ist ein Beispiel eines „Greedy-Algorithmus". Allgemein liegt dieser Methode die Idee zugrunde, bei verschiedenen Alternativen jeweils die nächst beste zu wählen. Derartige Algorithmen liefern im Allgemeinen lediglich eine suboptimale Lösung.

2.2.2 „Die sukzessive Einbeziehung von Stationen"

Wähle zwei beliebige Orte, bilde den Zyklus Z_2 mit diesen, speichere die Orte sowie den Zyklus.

Solange noch nicht gespeicherte Orte vorhanden sind, führe aus:

Wähle einen nicht gespeicherten Ort

Solange dieser Ort an alternative Stellen des gespeicherten Zyklus eingefügt werden kann und führe aus

Füge den Ort alternativ ein.

Berechne die Länge des neuen Zyklus.

Speichere den kürzesten, lösche die übrigen Zyklen und speichere diesen Ort.

Gib den zuletzt gespeicherten Zyklus mit seiner Länge als Lösung aus.

Beispiel (vgl. 2.2.1)

$$Z_2 : a - b - c - a \qquad\qquad d(Z_2) = 9$$

Wähle c

$$Z_3^1 : a - c - b - a \qquad\qquad d(Z_3^1) = 13 \qquad\qquad L \quad \text{"Löschen"}$$
$$Z_3^2 : a - b - c - a \qquad\qquad d(Z_3^2) = 10 \qquad\qquad S \quad \text{"Speichern"}$$

Wähle d

$$Z_4^1 : a - d - b - c - a \qquad\qquad d(Z_4^1) = 13 \qquad\qquad S$$
$$Z_4^2 : a - b - d - c - a \qquad\qquad d(Z_4^2) = 21 \qquad\qquad L$$
$$Z_4^3 : a - b - c - d - a \qquad\qquad d(Z_4^3) = 16 \qquad\qquad L$$

Wähle e

$$Z_5^1 : a - e - d - b - c - a \qquad\qquad d(Z_5^1) = 21 \qquad\qquad L$$
$$Z_5^2 : a - d - e - b - c - a \qquad\qquad d(Z_5^2) = 22 \qquad\qquad L$$
$$Z_5^3 : a - d - b - e - c - a \qquad\qquad d(Z_5^3) = 21 \qquad\qquad L$$
$$Z_5^4 : a - d - b - c - e - a \qquad\qquad d(Z_5^4) = 16 \qquad\qquad S$$

Wähle f

$$Z_6^1 : a - f - d - b - c - e - a \qquad\qquad d(Z_6^1) = 17 \qquad\qquad S$$
$$Z_6^2 : a - d - f - b - c - e - a \qquad\qquad d(Z_6^2) = 18 \qquad\qquad L$$
$$Z_6^3 : a - d - b - f - c - e - a \qquad\qquad d(Z_6^3) = 28 \qquad\qquad L$$
$$Z_6^4 : a - d - b - c - f - e - a \qquad\qquad d(Z_6^4) = 23 \qquad\qquad L$$
$$Z_6^5 : a - d - b - c - e - f - a \qquad\qquad d(Z_6^5) = 22 \qquad\qquad L$$

Lösung

$$Z_6 : a - f - d - b - c - e - a$$
$$d(Z_6) = 17$$

Bemerkung:

Im Allgemeinen liefert das Verfahren des sukzessiven Einbeziehens von Stationen die besseren Ergebnisse als das Verfahren des besten Nachfolgers.

Analyse des Zeitverhaltens:

Beim Verfahren des besten Nachfolgers wird die Schleife genau einmal durchlaufen, für das Zeitverhalten gilt also $O(n)$.

Beim Verfahren des Einbeziehens der Stationen liegt eine Schleife in der Schleife vor, also gilt für das Zeitverhalten $O(n^2)$.

Aufgaben:

1. Gegeben sei für die folgende Entfernungsmatrix das Handlungsreisendenproblem:

	Aachen	Berlin	Bonn	Essen	Kiel	Köln
Aachen	∞	659	100	127	633	71
Berlin	633	∞	622	532	371	590
Bonn	91	661	∞	116	605	34
Essen	134	530	105	∞	491	83
Kiel	598	370	569	495	∞	571
Köln	70	567	27	68	532	∞

    a) Wie viele mögliche Rundreisen gibt es insgesamt?

    b) Ermitteln Sie mit Hilfe Heuristischer Verfahren eine Näherungslösung.

2. „Greedy-Methode": (P, v) stelle einen bisher in einem Graphen G erzeugten Weg dar. Dieser beginnt bei v_0 und endet bei v. Zu Beginn gilt: $v = v_0$, $P = \{ \}$. Enthält P alle Knoten von G, dann STOPP, sonst wählt man den Bogen (v, w), so dass w nicht in P liegt und (v, w) die minimale Länge aller so wählbaren Knoten w hat.

    „Optimalitätsprinzip": Sei (P, v) und „Beginn" wie oben. Enthält P alle Knoten STOPP, sonst wähle den kürzesten Weg von v nach v_0 über alle Knoten k mit $k \notin P$.

    Welche Methode(n) liefern eine Lösung des Travelling Salesman Problems? Die Antwort ist zu begründen!

3. Annahme: Ein Computer benötige zur Berechnung eines Hamilton-Zyklus den millionsten Teil einer Sekunde. Wie lange rechnet er bei 20 Orten bis er sämtliche Hamilton-Zyklen berechnet hat?

3 Dynamische Programmierung am Beispiel des Travelling Salesman Problem

3.1 Erläuterung der Methode am Beispiel

Seien n = 5 Orte gegeben:

von \ nach	a	b	c	d	e
a	∞	2	7	9	5
b	6	∞	1	8	3
c	0	3	∞	4	1
d	1	5	1	∞	6
e	5	1	1	4	∞

Wir erhalten folgenden vollständigen Lösungsbaum

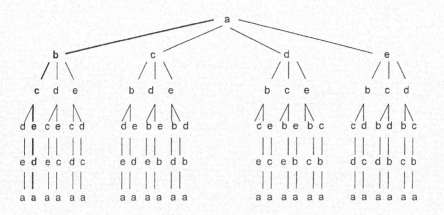

Vermerkt man analog zu dem Baum auf Seite 27 die jeweiligen Weglängen, so erhält man folgendes **Ergebnis**:

$$Z_{opt} : a - b - c - e - d - a$$
$$d(Z_{opt}) = 9$$

Inwiefern können ungeeignete Äste bereits vorzeitig eliminiert werden?

Wir vergleichen die Wege:

$$W^1_{a,e,3} : a - c - d - e \qquad d(W^1_{a,e,3}) = 17$$
$$W^2_{a,e,3} : a - d - c - e \qquad d(W^2_{a,e,3}) = 11$$

Da beide Wege auf die prinzipiell gleiche Art und Weise (nämlich durch e – b – a) zum Hamiltonzyklus ergänzt werden können, können wir schließen, dass $W^1_{a,e,3}$ nicht mehr Teil einer Optimallösung sein kann und demzufolge braucht dieser Ast nicht mehr weiter entwickelt zu werden. Analog erhalten wir auf der nächsten Stufe:

$$W^1_{a,b,4} : a - c - d - e - b$$
$$W^2_{a,b,4} : a - d - c - e - b$$
$$W^3_{a,b,4} : a - c - e - d - b$$
$$W^4_{a,b,4} : a - e - c - d - b$$
$$W^5_{a,b,4} : a - d - e - c - b$$
$$W^6_{a,b,4} : a - e - d - c - b$$

Obwohl hier prinzipiell 3!-Möglichkeiten für alle Permutationen der Zwischenorte vorliegen, erkennt man, dass es auf dieser Stufe nur noch 3 derartige Wege gibt, da bereits auf der Stufe zuvor von denjenigen Wegen, die jetzt mit identischem Zweitletzten-Ort erscheinen nur jeweils einer gespeichert wurde (vgl. z.B. bei . $W^1_{a,b,4}$, $W^2_{a,b,4}$ die Wege $W^1_{a,e,3}$, $W^2_{a,e,3}$).

3.2 Der Algorithmus der dynamischen Programmierung für das Travelling Salesman Problem

Definition:

Seien $W^1_{a,t,m}$, $W^2_{a,t,m}$ m-gliedrige Wege mit Anfangsort a und Endort t.

$W^1_{a,t,m} \simeq W^2_{a,t,m}$ <=> $W^1_{a,t,m}$ enthält die selben Zwischenorte wie $W^2_{a,t,m}$

$W^{j*}_{a,t,m} = \{W_{a,t,m}; W_{a,t,m} \simeq W^j_{a,t,m}\}$

Bemerkung:

Offenbar enthält $W^{j*}_{a,t,m}$ (m-1)! - Elemente, d.h. $| W^{j*}_{a,t,m} | = $ (m-1)!

Definition:

$d(W^{j*}_{a,t,m}) = Min\{d(W_{a,t,m}); W_{a,t,m} \in W^{j*}_{a,t,m}\}$

„kürzeste Länge aller Wege mit Anfangsort a, Zielort t und denselben Zwischenorten"

Definition:

$W^{j*Min}_{a,t,m} = W_{a,t,m} \Leftrightarrow (W_{a,t,m} \in W^{j*}_{a,t,m}$ und $d(W_{a,t,m}) = d(W^{j*}_{a,t,m}))$

„kürzester Weg mit gleichem Anfangs- und Zielort und denselben Zwischenorten"

Mit diesen Bezeichnungen erhalten wir folgenden Algorithmus

Sei n die Anzahl der Orte

    $m = 1$

        Wähle Ort a und bilde alle $W^{j*}_{a,t,m}$

        Solange $m < n$, führe aus:

            $m := m+1$

            Bilde alle $W^{j*}_{a,t,m}$

            Führe für jedes $W^{j*}_{a,t,m}$ aus

                Berechene: $d(W^{*}_{a,t,m})$, $W^{j*Min}_{a,t,m}$

                Speichere: $d(W^{*}_{a,t,m})$, $W^{j*Min}_{a,t,m}$

            Lösche alle übrigen Wege

        Gib den verbleibenden Hamiltonzyklus mit seiner Länge als Lösung aus.

Analyse des Algorithmus

Die obigen Überlegungen anhand des konkreten Beispiels zeigen, dass die Klassen $W^{j*}_{a,t,m}$ jeweils (m-1) - Elemente enthalten.

Dann:

Stufe des Lösungsbaumes	Anzahl der zu bildenden Wege	Anzahl der nach der Elimination zu speichernden Wege
1	0	0
2	n -1	n -1
3	(n-1) * (n-2)	(n-1) * (n-2)
4	$\dfrac{(n-1)!}{(n-4)!}$	$\dfrac{1 * (n-1)!}{2 * (n-4)!}$
5	$\dfrac{1 * (n-1)!}{2(n-5)!}$	$\dfrac{(n-1)!}{3! * (n-5)!}$
...	...	...
n - 1	$\dfrac{1}{(n-3)!} * \dfrac{(n-1)!}{0!}$	n -1
n	n -1	1

Insgesamt erhalten wir für die Summe der zu speichernden Wege:

$$\sum_{i=1}^{n-1} \frac{(n-1)!}{(n-1-i)! * (i-1)!}$$

3.3 Das allgemeine Prinzip der dynamischen Programmierung

Die dynamische Programmierung basiert auf dem "Optimalitätsprinzip". Dieses besagt: Ist F_n die optimale Lösungsfolge und A_m, $m < n$ die Anfangsfolge hierbei, dann kann diese Anfangsfolge für die (im Allgemeinen unbekannte) Optimalfolge unabhängig von der Restfolge R_{n-m} bestimmt werden.

Hieraus ergibt sich, das man eine weitere Anfangsfolge $\tilde{A}_m$, die dieselben Bedingungen wie A_m erfüllt, eliminieren kann.

Bemerkung:

Das Prinzip der dynamischen Programmierung wurde von R. Bellman 1957 und 1962 im Zusammenhang mit dem Travelling Salesman Problem eingeführt. Obwohl es für große n hierbei für eine effiziente Lösung aus bekannten Gründen scheitern musste, bildet das Optimalitätsprinzip dennoch die Grundlage zahlreicher später entwickelter effizienter Lösungsalgorithmen.

3.4 Aufgaben

1. Prüfen Sie, inwiefern heuristische Verfahren im Zusammenhang mit der dynamischen Programmierung effizient eingesetzt werden können?

2. Gegeben sei folgendes Travelling Salesman Problem:

von \ nach	a	b	c	d	e
a	∞	6	2	5	4
b	2	∞	8	4	7
c	1	5	∞	4	6
d	3	3	7	∞	2
e	5	4	5	6	∞

a) Lösen Sie dieses Problem mit Hilfe des Algorithmus der dynamischen Programmierung.

b) Lösen Sie dasselbe Problem unter zusätzlicher Verwendung heuristischer Verfahren.

3. Gegeben sei folgendes „Verkehrsnetz":

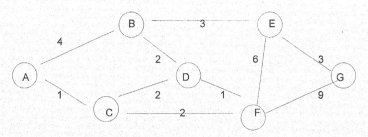

Gesucht: kürzester Weg von A nach G

a) Prüfen Sie, ob auf dieses Problem das Optimalitätsprinzip anwendbar ist.

b) Falls ja, schreiben sie zur Lösung einen geeigneten Algorithmus auf der Grundlage der dynamischen Programmierung.

4 Die Methode „Branch and Bound" am Beispiel des Travelling Salesman Problems

4.1 Die allgemeine Methode am Beispiel des „0-1 Rucksack Problems"

Beispiel:

Maximiere

$$z = 5x_1 + 3x_2 + x_3 + 7x_4$$

Unter

$$7x_1 + 5x_2 + 2x_3 + 8x_4 \leq 13$$

$$x_i = \begin{cases} 0 \\ 1 \end{cases} \qquad i = 1, \ldots, 4$$

<u>Bemerkung:</u>

Die Koeffizienten der Zielfunktion drücken für jedes Gut eine gewisse „Wertschätzung" aus, wobei diese maximiert werden soll. Die Koeffizienten der Restriktion werden als „Gewichte" interpretiert, wobei das Gesamtgewicht nicht überschritten werden darf. Die 0-1-Restriktion bedeutet, dass die Objekte nicht teilbar sind und entweder gewählt oder nicht gewählt werden.

Lösung mit Hilfe eines Lösungsbaumes

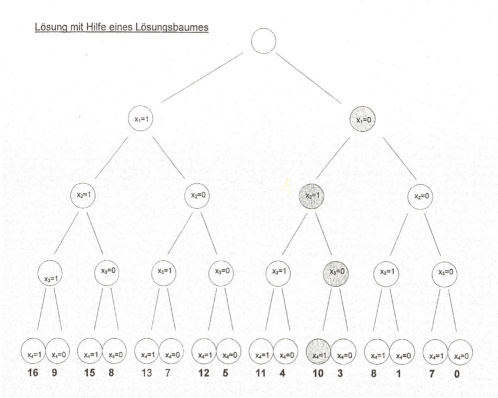

Wir erhalten 2^4 verschiedene Lösungsmöglichkeiten mit $2^5 - 1 = 31$ Knoten.

Allgemein: 2^n Alternativen mit $2^{n+1} - 1$ Knoten.

Berücksichtigt man dann noch die Kapazität des Rucksacks, so erhält man folgende Lösung:

$$Z_{max} = 10 \text{ mit } x_1 = 0, x_2 = 1, x_3 = 0 \text{ und } x_4 = 1$$

Um zu vermeiden, dass wir den gesamten Baum entwickeln müssen, gehen wir nach folgendem Prinzip vor:

1. Wir spalten die Grundmenge in disjunkte Teilmengen auf (das Gut i gehört zur Lösung oder nicht)

   „Branch-Schritt"

2. Wir ordnen jeder Menge eine Zahl b folgendermaßen zu:
   a) b ist eine obere Schranke der Optimallösung (untere Schranke beim Minimierungsproblem)
   b) die Zahl b nähert sich mit jeder weiteren Aufspaltung der gesuchten Optimallösung an, bis sie schließlich mit dieser übereinstimmt

   „Bound"

Bemerkung

Wird der Baum nach dem Prinzip „zu erst in die Tiefe gehen" entwickelt, so spricht man von Backtracking. Erfolgt die Entwicklung nach dem Prinzip „zu erst in die Breite gehen" so liegt das eigentliche „Branch and Bound" vor.

Weiter kann man in vielen Fällen durch Einführung einer Beschränkungsfunktion die Effizienz des Algorithmus verbessern. Eine solche erhalten wir in unserm falle leicht, in dem wir jeder Menge die jeweilige Restkapazität zuweisen und diese nur dann entwickeln, wenn diese nicht negativ ist. Trotzdem müssen im ungünstigsten Fall sämtliche Knoten geprüft werden, so dass der Algorithmus von der Ordnung $O(2^n)$ ist und demzufolge der Klasse NP angehört.

Allgemein:

Maximiere:

$$Z = \sum_{i=1}^{n} p_i * x_i \qquad \text{„}p_i : \text{Wertschätzung“}$$

Unter:

$$\sum_{i=1}^{n} w_i * x_i \leq M \qquad \text{„}w_i : \text{Gewichte“, „}M : \text{Kapazität“}$$

$$x_i \begin{cases} 0 \\ \\ 1 \end{cases} \qquad \text{„Objekt i wird vollständig mitgenommen oder nicht“}$$

Weiter:

Sei $V_{00} = \{(x_1, x_2, \ldots, x_n); x_i = 0 \lor x_1 = 1, i = 1, \ldots, n\}$

" Grundmenge, d.h. alle möglichen Lösungen"

Offenbar gilt: $|V_{00}| = 2^n$

Sei Vij definiert für i<n, j<2n, dann sei:

$V_{i+1\,2j} = V_{ij} \cap \{(x_1, x_2, \ldots, x_n); x_{i+1} = 0\}$

$V_{i+1\,2j+1} = V_{ij} \cap \{(x_1, x_2, \ldots, x_n); x_{i+1} = 1\}$

Dann

$$b(V_{ij}) = \sum_{k=1}^{n} p_k * y_k \quad \text{, wobei } y_k = \begin{cases} x_k, k \leq i, x_k \text{ in } V_{ij} \\ \\ 1 \text{ sonst} \end{cases} \qquad \text{„Bound“}$$

$$c(V_{ij}) = M - \sum_{k=1}^{n} w_k * y_k \quad \text{, wobei } y_k = \begin{cases} x_k, k \leq i, x_k \text{ in } V_{ij} \\ \\ 0 \text{ sonst} \end{cases} \qquad \text{„Beschränkungsfunktion“}$$

Algorithmus für das „0-1 Rucksackproblem"

Bilde V_{00}

    Berechen $b(V_{00})$, $c(V_{00})$

    Führe aus:

        Bestimme diejenige Menge V_{ij} mit maximalem Bound $b(V_{ij})$

        Falls $i = n$: gib V_{ij} und $b(V_{ij})$ als Lösung aus

        Sonst:

            Bilde: $V_{i+1\,2j}$, $V_{i+1\,2j+1}$ „Branch"

            Lösche: V_{ij}

            Berechne: $b(V_{i+1\,2j})$, $b(V_{i+1\,2j+1})$, $c(V_{i+1\,2j})$, $c(V_{i+1\,2j+1})$

            Falls $c(V_{i+1\,2j}) < 0$: Lösche $V_{i+1\,2j}$

Wenden wir nun diesen Algorithmus auf unser oben definiertes Beispiel an (vgl. Seite 42), so erhalten wir folgenden Lösungsbaum:

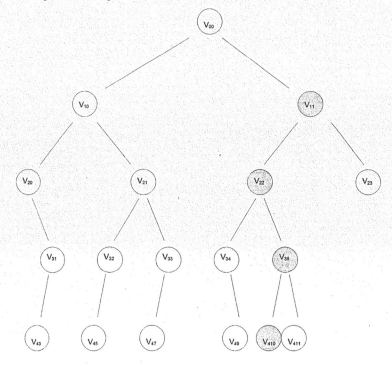

Lösung:

$$V_{410} = \{(0, 1, 0, 1)\} \text{ mit } b(V_{410}) = 10$$

Bemerkung:

Obwohl hierdurch zahlreiche Äste begrenzt werden, ist es doch im ungünstigsten Fall möglich, dass der Algorithmus sämtlich Knoten durchlaufen muss und somit für die Komplexität $O(2^n)$ gilt.

4.2 Anwendung des Prinzips „Branch and Bound" auf das Travelling Salesman Problem

Vorbemerkung:

Jedes Travelling Salesman Problem kann äquivalent in folgendem Sinne umgeformt werden:

Die neue Matrix enthält in jeder Zeile und Spalte mindestens eine Null.

Die Längen für jeden Hamiltonzyklus unterscheiden sich in den beiden Matrizen (Ausgangsmatrix und neue Matrix) jeweils um ein und dieselbe Konstante K.

Bemerkung:

Da in der neuen Matrix theoretisch ein Hamiltonzyklus der Länge Null existiert, bildet somit die Konstante K eine untere Schranke („Bound") für das Ausgangsproblem.

Definition:

Das Bilden der neuen Matrix wird als Reduktion bezeichnet. Die neue Matrix heißt reduzierte Matrix.

Beispiel:

Schritt 1:

Bilde für jede Zeile das Minimum u_i und subtrahiere dieses von jedem Matrixelement der Zeile i.

nach von	a	b	c	d	e	u_i
A	∞	2	7	9	5	2
B	6	∞	1	8	3	1
C	0	3	∞	4	1	0
D	1	5	1	∞	6	1
E	5	1	1	4	∞	1
$\sum u_i$						5

Schritt 2:

Bilde für jede Spalte das Minimum v_i und subtrahiere dieses von jedem Matrixelement der Spalte i.

nach von	a	b	c	d	e	$\sum v_i$
a	∞	0	5	7	3	
b	5	∞	0	7	2	
c	0	3	∞	4	1	
d	0	4	0	∞	5	
e	4	0	0	3	∞	
v_i	0	0	0	3	1	4

Ergebnis:

nach von	a	b	c	d	e
a	∞	0	5	4	2
b	5	∞	0	4	1
c	0	3	∞	1	0
d	0	4	0	∞	4
e	4	0	0	3	∞

„reduzierte Matrix"

Da sich für jeden Ort die Entfernung zu allen Nachbarorten um den gleichen Wert vermindert, vermindert sich die Länge der Hamiltonzyklen zunächst um die Summe aller Zeilenminima, analoges gilt für die Hinfahrt und somit muss sich die Gesamtlänge auch um die Summe der Spaltenminima vermindern.

Ein Hamiltonzyklus unterscheidet sich somit in seiner Länge gemessen in der neuen Matrix

genau um $\quad K = \sum\limits_{i=1}^{n} u_i + \sum\limits_{i=1}^{n} v_i\,$ von seiner Länge gemessen in der ursprünglichen Matrix.

Also

$$K = \sum\limits_{i=1}^{n} u_i + \sum\limits_{i=1}^{n} v_i \qquad\qquad \text{„Bound"}$$

Speziell:

$$K = 5 + 4 = 9$$

Wir geben nun das allgemeine Schema des Algorithmus von Little u.a an und erläutern die einzelnen Schritte anhand des Beispiels aus 3.1.

Allgemein:

Sei Z die Menge aller Hamiltonzyklen.

Reduziere für Z die Matrix und errechne den Bound K.

---

von \ nach	a	b	c	d	e
a	∞	2	7	9	5
b	6	∞	1	8	3
c	0	3	∞	4	1
d	1	5	1	∞	6
e	5	1	1	4	∞

Reduktion:

von \ nach	a	b	c	d	e
a	∞	0^2	5	4	2
b	5	∞	0^1	4	1
c	0^0	3	∞	1	0^1
d	0^0	4	0^0	∞	4
e	4	0^0	0^0	0^1	∞

$$K = 9$$

<u>Allgemein:</u>

Bestimme für jede 0 in der i-ten Zeile und j-ten Spalte:

$$t_{ij} = \min \{d_{ik}; \ k \neq j\} + \min \{d_{lj}, \ l \neq i\}$$

„Summe aus zweitkleinstem Zeilen- und zweitkleinstem Spaltenelement"

Offenbar drücken die t_{ij} aus, um wie viel sich die Länge eines Hamiltonzyklus erhöhen muss, wenn die Verbindung von i nach j nicht gewählt wird.

Bestimme:

$$t_{mn} = \text{Max} \{ t_{ij} \} \quad \text{„Maximale „Strafe" bei Nichtwählen dieser Verbindung"}$$

Bestimme:

$Z_{m\text{-}n}$: Alle Hamiltonzyklen, die die Verbindung m-n enthalten

$Z_{\overline{m\text{-}n}}$: Alle Hamiltonzyklen, die die Verbindung m-n nicht enthalten. „Branch"

Berechne: Für $Z_{m\text{-}n}$ und $Z_{\overline{m\text{-}n}}$ jeweils den Bound.

Zurück zum Beispiel

Also:

$$t_{ab} = 2 = \max \{t_{ij}\}$$

Dann:

$Z_{a\text{-}b}$

Wir streichen die Zeile a und die Zeile b (die Verbindung
a-b ist festgelegt!) und setzen zur Vermeidung von Kurzzyklen $d_{ba} = \infty$.

nach von	a	b	c	d	e	u_i
a						
b	∞		0^1	4	1	0
c	0^0		∞	1	0^1	0
d	0^0		0^0	∞	4	0
e	4		0^0	0^1	∞	0
$\sum u_i$						0

K = 9

Also: K = 9 („Bound")

$Z_{\overline{a\text{-}b}}$:

Hier setzen wir für die verbotene Verbindung a-b : $d_{a\text{-}b} = \infty$

nach von	a	b	c	d	e	u_i
a	∞	∞	5	4	2	2
b	5	∞	0	4	1	0
c	0	3	∞	1	0	0
d	0	4	0	∞	4	0
e	4	0	0	0	∞	0
$\sum u_i$						2

Reduktion:

nach von	a	b	c	d	e
a	∞	∞	3	2	0
b	5	∞	0	4	1
c	0	3	∞	1	0
d	0	4	0	∞	4
e	4	0	0	0	∞

$$K' = 2$$

Gegenüber der zuletzt reduzierten Matrix erhöht sich nunmehr erneut der Bound um 2 (beachte: $t_{m\text{-}n} = 2$), also erhöht sich die Länge gegenüber der Ausgangsmatrix um 11 (K = 9+2= 11).

Somit: K = 11 („Bound")

Allgemein:

Gemäß den allgemeinen Prinzipien des „Branch and Bound" analog mit derjenigen Menge mit dem jeweils geringsten Bound fortfahren , bis ein Hamiltonzyklus kürzester Länge gefunden ist.

Weiter im Beispiel:

Fortfahren mit $Z_{a\text{-}b}$:

Wir erhalten $t_{ce} = 1$

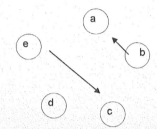

Bilde: $Z_{a\text{-}b,\,c\text{-}e}$

Setze $d_{e\text{-}c} = \infty$

Also

von \ nach	a	b	c	d	e	u_i
a						
b	∞		0^4	4		0
c						
d	0^4		0^0	∞		0
e	4		∞	0^8		0
$\sum u_i$						

$$K = 9$$

Bilde $Z_{a\text{-}b,\,\overline{c\text{-}e}}$

von \ nach	a	b	c	d	e	$\sum v_i$
a						
b	∞		0	4	1	
c	0		∞	1	∞	
d	0		0	∞	4	
e	4		0	0	∞	
v_i	0		0	0	1	1

$$K = 10$$

Fortfahren mit $Z_{a\text{-}b,\,c\text{-}e}$:

Wir erhalten $t_{ed} = 8$

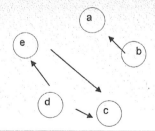

Bilde: $Z_{a\text{-}b,\,c\text{-}e,\,e\text{-}d}$

Setze $d_{d\text{-}e} = \infty$

Setze $d_{d\text{-}c} = \infty$

von \ nach	a	b	c	d	e	u_i
a						
b	∞		0^∞			0
c						
d	0^∞		∞			0
e						
$\sum u_i$						

Bilde $Z_{a-b,\ c-e,\ e-d}$

von \ nach	a	b	c	d	e	u_i
a						
b	∞		0	4		0
c						
d	0		0	∞		0
e	4		∞	∞		4
$\sum u_i$						4

Reduktion:

von \ nach	a	b	c	d	e	$\sum v_i$
a						
b	∞		0	4		
c						
d	0		0	∞		
e	0		∞	∞		
v_i	0		0	4		4

von \ nach	a	b	c	d	e
a					
b	∞		0	0	
c					
d	0		0	∞	
e	0		∞	∞	

$$K' = 4+4 = 8$$

Also: K = 9+8 = 17

Fortfahren mit $Z_{a\text{-}b,\ c\text{-}e,\ e\text{-}d}$:

Wir erhalten $t_{bc} = \infty$

Bilde: $Z_{a\text{-}b,\ c\text{-}e,\ e\text{-}d,\ b\text{-}c}$

Setze $d_{c\text{-}b} = \infty$

Setze $d_{c\text{-}a} = \infty$

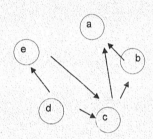

Von \ Nach	a	b	c	d	e
a					
b					
c					
d	0				
e					

$Z_{a\text{-}b,\ c\text{-}e,\ e\text{-}d,\ \overline{b\text{-}c}}$

von \ nach	a	b	c	d	e
a					
b	∞		∞		
c					
d	0		0		
e					

Offensichtlich enthält diese Menge keinen Hamiltonzyklus mehr (es gibt nämlich keine Möglichkeit über b wegzufahren!).

Fortfahren mit

$Z_{a\text{-}b,\ c\text{-}e,\ e\text{-}d,\ b\text{-}c}$

Wähle d-a

Also:

$Z_{a\text{-}b,\ c\text{-}e,\ e\text{-}d,\ b\text{-}c,\ d\text{-}a}$

Ergebnis:

$$Z = a - b - c - e - d - a \qquad \text{mit } d(Z) = 9$$

($Z_{a\text{-}b,\ c\text{-}e,\ e\text{-}d,\ b\text{-}c,\ \overline{d\text{-}a}}$ enthält offensichtlich keinen Hamiltonzyklus mehr)

Unser Lösungsweg wird somit durch folgenden Baum beschrieben:

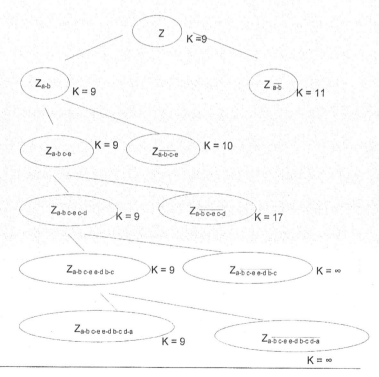

Bemerkungen:

1) Durch das fortwährende Unendlich-Setzen der Matrixelemente ist es möglich, dass die betreffenden Mengen nach wie vor abgesucht werden, obwohl sie gar keinen Hamilton-Zyklus mehr enthalten. Der Algorithmus könnte somit wesentlich effizienter werden, wenn ein Verfahren bekannt wäre, das effizient entscheidet, ob ein unvollständiger Graph einen Hamiltonzyklus enthält. Allerdings ist diese Problem ebenfalls NP-vollständig.

2) Das Prinzip „Branch and Bound" wurde erstmalig 1963 von Little u.a. im Zusammenhang mit dem Travelling Salesman Problem entwickelt. Wie bei den anderen Prinzipien konnte auch hier aus bekannten Gründen keine effiziente Lösung gefunden werden, allerdings hat sich dieses Prinzip bei zahlreichen anderen Problemen bewährt.

4.3 Aufgaben

Aufgabe 1

Die Verkehrsbetriebe einer Stadt unterhalten ein Netz von 5 Linien mit folgendem maximalen Wagenbedarf pro Linie:

Linie	Fahrzeuge
1	17
2	16
3	21
4	8
5	12
Total	74

Der Wagenpark beträgt 80 Fahrzeuge, es stehen also jeweils mindestens 6 Fahrzeuge außer Betrieb (Revision, Reparaturen, Einsatzmöglichkeiten bei Notfällen, etc.).
Erhebungen aus dem letzten Betriebsjahr ergaben folgende mittlere Zahlen von beförderten Passagieren (in 1000) pro Tag:

Linie	Passagiere (in 1000)
1	11
2	14
3	16
4	8
5	7
total	56

Auf sämtlichen Linien verkehrt Rollmaterial desselben Typus, das jedoch infolge langjährigen Gebrauchs im Betrieb sehr teuer geworden ist. Es ist außerdem veraltet und genügt nicht mehr den Anforderungen an Bequemlichkeit, die der Fahrgast erwartet. Die Gesellschaft beschließt daher, ihren Wagenpark zu erneuern; in der 1. Etappe steht ihr zu diesem Zwecke ein Kredit zur Verfügung, der es gestattet, höchstens 40 Fahrzeuge durch wirtschaftlichere, modernere und komfortablere zu ersetzen.

Der Austausch der Fahrzeuge soll nach folgenden Richtlinien vorgenommen werden:

1. Auf allen Linien bleibt die gleiche Anzahl Fahrzeuge wie bisher im Einsatz.

2. Die Linien mit den höheren Beförderungszahlen sollen als erste berücksichtigt werden, um möglichst viele Passagiere in den Genuss der größeren Bequemlichkeit zu bringen.

3. Die Ersetzung soll linienweise erfolgen, d.h., am Schluss soll es keine Linie geben, auf der gleichzeitig neue und alte Wagen verkehren. Dies mit Rücksicht auf die Wagenführer, die linienweise eingesetzt sind und umgeschult werden müssen, falls die Linie auf neues Rollmaterial eingerichtet wird.

4. Es ist damit zu rechnen, dass, bei Bestellungen bis 30 Wagen deren 2, von 31 bis 40 Wagen deren 3 wegen Reparaturen, Revisionen, Einsatz bei Notfällen, etc. außer Betrieb in Reserve gelassen werden müssen.

Wie viele Fahrzeuge soll die Gesellschaft ersetzen und wie sollen die neuen Wagen auf die Linien verteilt werden, um möglichst vielen Fahrgästen den höheren Komfort zu Verfügung zu stellen?

(entnommen aus:

         Weinberg, F. (Herausg.)

         „Branch and Bound: Eine Einführung"

         Berlin-Heidelberg-New York, 1973)

Aufgabe 2

Nennen Sie 3 weitere Probleme die auf das „0-1 Rucksack" Problem führen.

Aufgabe 3

Bei dem „vereinfachten" Rucksackproblem wird die Ganzzahligkeitsbedingung ignoriert, d.h. es gilt $0 \le x_i \le 1$.

Schreiben Sie je einen Greedy-Algorithmus, in dem Sie folgende Strategien zu Grunde legen:

1. „Als nächstes Gut wird dasjenige mit dem jeweils noch größten Gewinn genommen."
2. „Als nächstes Gut wird dasjenige mit dem jeweils noch kleinsten Gewicht genommen."
3. „Als nächstes Gut wird dasjenige mit dem größten Verhältnis p_i/w_i genommen."

a) Welche Strategie führt hierbei zur optimalen Lösung und welche liefert lediglich ein heuristisches Verfahren?

b) Bestimmen Sie die Zeitordnung für jeden ihrer Algorithmen.

c) Inwiefern kann durch die effizienteste Lösung der Bound des allgemein beschriebenen Algorithmus für den „0-1 Rucksack" verbessert werden?

Aufgabe 4

Lösen Sie die Aufgabe 2 aus 3.4. mit Hilfe des Verfahrens "Branch and Bound".